LOS 10 MANDAMIENTOS DEL MARKETING PARA CIRUJANOS PLÁSTICOS

POR QUÉ ALGUNOS SE VUELVEN EXITOSOS, PERO LA MAYORÍA NO.

AUTORÍA
SMARTKETING CLINIC

DEDICATORIA

A los cirujanos plásticos del presente, que enfrentan el reto de adaptarse a un mundo digital donde la visibilidad lo es todo. Que sepan que el marketing no es solo una herramienta, sino el puente que conecta su talento con quienes lo necesitan.

Y a los cirujanos del futuro, que nacerán en una era donde la habilidad técnica y la habilidad de comunicar su arte serán inseparables. Que nunca dejen de aprender y de mostrarse al mundo con confianza, porque el talento sin visibilidad, es un arte sin espectadores.

ÍNDICE

Prólogo .... 5 - 6

Prefacio .... 7 - 8

Introducción .... 9 - 10

Mandamiento 1
Conoce a tu audiencia .... 11 - 13

Mandamiento 2
Construye una marca personal sólida .... 14 - 16

Mandamiento 3
Establece una presencia digital impecable .... 17 - 19

Mandamiento 4
Crea contenido de valor que enganche .... 20 - 22

Mandamiento 5
Utiliza las redes sociales estratégicamente .... 23 - 25

Mandamiento 6
Conviértete en un experto visible y accesible ..... 26 - 28

Mandamiento 7
Cultiva relaciones a través del email marketing .. 29 - 31

Mandamiento 8
Invierte en publicidad digital estratégica .... 32 - 34

Mandamiento 9
Escucha y aprende de tus pacientes .... 35 - 37

Mandamiento 10
Mide ajusta y repite .... 38 - 40

Epílogo.. 41 - 42

Reseña... 43 - 44

PRÓLOGO

En un mundo saturado de opciones, ser un cirujano plástico exitoso no se trata solo de ser el mejor en tu campo. Se trata de ser visible, de crear confianza, y de comunicar con claridad el valor único que ofreces a tus pacientes. Este libro no es solo una guía de marketing; es una invitación a cambiar la forma en que te presentas al mundo, a construir relaciones auténticas, y a elevar tu práctica a un nivel superior.

Estamos en la era digital, donde las redes sociales han reemplazado a las vitrinas de las tiendas. Hoy en día, tus perfiles en Instagram, Facebook, TikTok, y tu página web son la vitrina de tu negocio como cirujano plástico. Imagina que un paciente potencial pasea por esa "calle digital" y se detiene frente a tu perfil. Si esa vitrina está desordenada, descuidada y sin vida, perderás la oportunidad de atraerlo. Nadie querrá entrar a un negocio cuya presentación no inspire confianza y profesionalismo.

Siempre hemos escuchado y leído el dicho que reza: "entre cielo y tierra no hay nada oculto", pero en Smartketing Clinic lo cambiamos por: "entre el cielo y las redes sociales no hay nada oculto". En la actualidad, cada opinión, cada reseña, cada imagen compartida, es visible para todos. Aquí está la respuesta de por qué debes prestar atención a tus redes sociales. Porque hoy, más que nunca, las redes sociales se han convertido en un espejo de tu reputación profesional. Reflejan no solo tu habilidad como cirujano, sino también tu compromiso con tus pacientes, tu ética, y tu pasión por lo que haces.

Cada una de tus publicaciones, desde un testimonio de un paciente satisfecho hasta una explicación clara sobre un procedimiento, habla por ti cuando no estás presente. En un mundo donde la información fluye de manera instantánea, es vital que tu "vitrina digital" sea coherente, atractiva, y refleje el nivel de excelencia que practicas en tu consultorio.

Este libro te enseñará cómo convertirte en un maestro de esta nueva vitrina digital, cómo hacer que cada rincón de tus redes sociales y tu página web estén diseñados estratégicamente para atraer, educar y convertir a visitantes en pacientes.

A través de los 10 mandamientos que encontrarás en estas páginas, descubrirás cómo dominar el arte de la comunicación digital para destacar en un mercado competitivo y construir una marca personal poderosa.

Así que te invito a sumergirte en este viaje de transformación. Aprende cómo convertirte en la opción número uno para tus pacientes, utilizando las herramientas digitales a tu favor. Porque hoy, entre el cielo y las redes sociales, no hay nada oculto... ¡y es ahí donde se construye tu éxito!

PREFACIO

Imagina a Leonardo, un joven cirujano plástico en Bogotá, conocido entre sus colegas por su destreza y talento. Durante años, Leonardo se ha dedicado a perfeccionar su técnica, cuidando cada detalle, esculpiendo cada contorno como si se tratara de una obra de arte viviente. Sus pacientes le adoran, y su trabajo es impecable. Sin embargo, fuera de su consulta, pocos conocen su nombre.

Un día, Leonardo recibe a Clara, una paciente que le comenta que, antes de llegar a él, había visitado las redes sociales de más de diez cirujanos. "Tuve que buscar mucho para encontrarte", le dijo ella con una sonrisa. "Tu trabajo es increíble, pero casi no hay información sobre ti en internet. Fue como encontrar una joya escondida."

Esa noche, Leonardo no pudo dejar de pensar en las palabras de Clara. ¿Cuántos pacientes como ella estaban buscando un cirujano plástico talentoso, pero no podían encontrarlo? ¿Cuánto tiempo más seguiría siendo una "joya escondida" cuando podría ser una referencia visible y deseada en su campo?

Leonardo decidió que era momento de cambiar. Se dio cuenta de que no bastaba con ser un excelente cirujano; necesitaba ser visible, estar presente en la mente y en las pantallas de quienes lo buscaban. Comenzó a estudiar sobre marketing digital, sobre cómo crear contenido que reflejara su pasión y su experiencia, sobre cómo conectar con sus pacientes ideales a través de las redes sociales.

Pronto, su consulta estaba llena. Las recomendaciones se multiplicaron, no solo por el boca a boca tradicional, sino por el poder de las historias y testimonios que compartía en línea. Leonardo comprendió que había abierto la puerta a un mundo donde su arte no solo se creaba, sino que también se mostraba al mundo.

Este libro está dedicado a todos los "Leonardos" del presente y del futuro. A aquellos cirujanos plásticos que, como él, tienen el talento y el deseo de ser los mejores, pero que saben que el verdadero reto es no ser invisibles en un mundo que nunca deja de mirar.

INTRODUCCIÓN

En el mundo de la cirugía plástica, tu habilidad y destreza en el quirófano son solo una parte de la ecuación para alcanzar el éxito. Vivimos en una era donde la percepción pública, la reputación online y la conexión con el paciente son tan vitales como el talento técnico. Ya no basta con ser un experto en tu campo; necesitas ser visible, relevante y accesible.

Las redes sociales han transformado la forma en que el mundo descubre y elige a los profesionales. Hoy en día, cada paciente potencial puede explorar tu "vitrina digital" con solo un clic, y en segundos decidir si quiere cruzar el umbral de tu consulta o buscar a otro cirujano. En esta realidad, si no estás presente en el mundo digital, para muchos simplemente no existes.

Este libro no es solo una guía de marketing; es un llamado a la acción para que transformes tu práctica en una marca que inspire confianza y deseo. Los "10 Mandamientos del Marketing para Cirujanos Plásticos" están diseñados para ayudarte a conectar de manera auténtica con tus pacientes, destacarte en un mercado competitivo y, en última instancia, lograr que tu arte sea visto y valorado por todos.

Cada mandamiento es una herramienta para potenciar tu presencia, comunicar tu valor y mostrar al mundo el verdadero arte que realizas. Porque al final, no se trata solo de ser el mejor cirujano plástico; se trata de ser el cirujano que todos quieren conocer. Este libro te dará las claves para lograrlo.

Bienvenido a este viaje, donde tu talento encontrará su mejor aliado en el marketing.

MANDAMIENTO 1
CONOCE A TU AUDIENCIA

"No puedes ser todo para todos, pero puedes ser esencial para aquellos que realmente te necesitan."

Entendiendo a tu Paciente Ideal

Como cirujano plástico, es fundamental saber exactamente a quién deseas atraer a tu consultorio. Imagina que tu audiencia es un grupo selecto de pacientes que necesitan exactamente lo que tú ofreces. El primer paso para construir tu estrategia de marketing es definir claramente quién es tu paciente ideal: su edad, género, ubicación, motivaciones, y preocupaciones.

Ejemplo Práctico:

Si te especializas en procedimientos de rejuvenecimiento facial, tu audiencia puede ser mujeres entre 35 y 55 años preocupadas por los signos del envejecimiento. En tu día a día, asegúrate de que todo tu contenido en redes sociales, como Instagram y TikTok, hable directamente a ellas. Crea publicaciones con consejos de cuidado de la piel, testimonios de pacientes de esa edad y artículos que aborden las dudas y miedos comunes sobre estos procedimientos.

Cómo Aplicarlo en tu Día a Día:

Instagram: Publica stories mostrando el antes y después de pacientes satisfechos de esa edad, y añade textos que aborden sus preocupaciones específicas.

TikTok: Graba videos cortos explicando tratamientos antienvejecimiento, como rellenos o lifting facial, utilizando lenguaje claro y directo.

Página Web: Optimiza tu sitio web con contenido (blogs, videos) enfocado en las necesidades de este grupo demográfico, usando palabras clave relevantes para atraer tráfico de pacientes locales.

Ejercicio práctico:

Dedica 30 minutos a crear un perfil detallado de tu paciente ideal. Piensa en qué tipo de contenido les gustaría ver y cuáles son sus mayores preocupaciones o preguntas sobre la cirugía plástica. Usa esta información para orientar todas tus publicaciones y campañas de marketing.

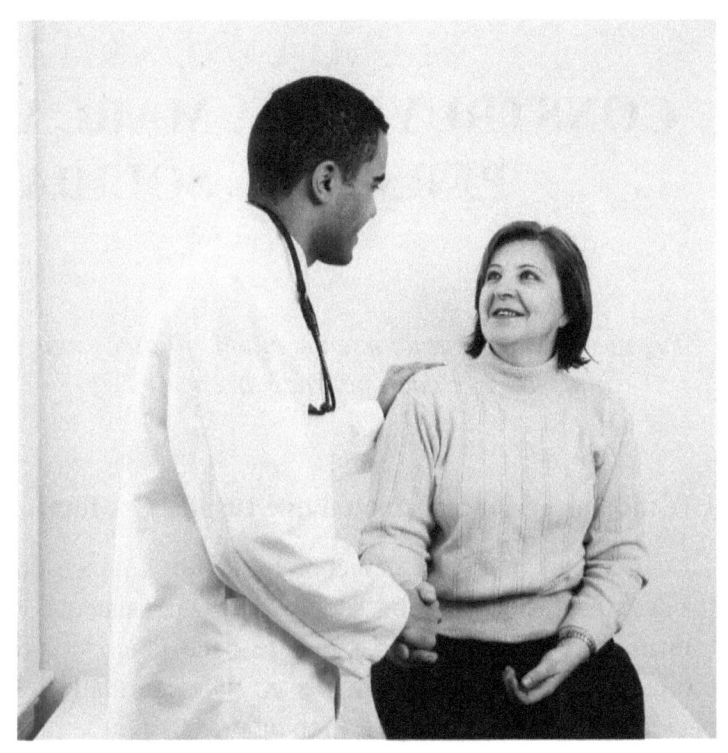

"Si disparas a ciegas, es probable que nunca aciertes al blanco."

MANDAMIENTO 2
CONSTRUYE UNA MARCA PERSONAL SÓLIDA

"Tu marca es tu reputación en el mundo digital y más allá; haz que cada interacción cuente."

Creando una Marca Personal que Inspire Confianza

Tu marca personal es la percepción que otros tienen de ti como profesional. Debe ser auténtica, consistente y transmitir confianza. Define qué te hace único como cirujano plástico: ¿Tu enfoque en la seguridad del paciente? ¿Tus técnicas innovadoras? ¿Tu trato empático y personalizado?

Ejemplo Práctico:

Si eres conocido por tu habilidad en rinoplastia para pacientes jóvenes, destaca esto en todas tus plataformas. Usa un logo y una paleta de colores que reflejen juventud y dinamismo. Comparte historias de éxito de pacientes jóvenes que han transformado su vida gracias a tu trabajo.

Cómo Aplicarlo en tu Día a Día:

Instagram y Facebook: Publica regularmente sobre tus especialidades y éxitos, utiliza hashtags relevantes como #RinoplastiaJuvenil, y responde personalmente a los comentarios para demostrar tu cercanía.

LinkedIn: Comparte artículos y casos de estudio sobre los procedimientos que realizas, y conecta con otros profesionales de la salud para fortalecer tu reputación en el sector.

Google My Business: Asegúrate de que tu perfil esté completo y actualizado con fotos, reseñas de pacientes, y publicaciones sobre tus últimos trabajos o eventos.

Ejercicio práctico:

Crea un eslogan o frase clave que resuma tu enfoque como cirujano plástico. Usa esta frase en todas tus plataformas y materiales de marketing para mantener la coherencia.

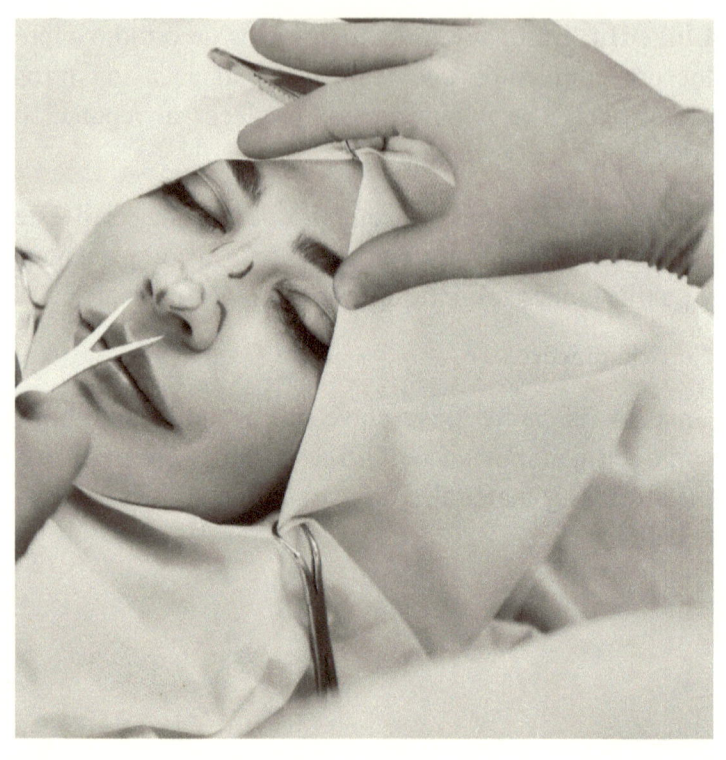

"Tu marca es como un imán: atrae a los pacientes correctos cuando es auténtica y clara."

MANDAMIENTO 3
ESTABLECE UNA PRESENCIA DIGITAL IMPECABLE

"Tu presencia digital es tu nueva tarjeta de presentación; asegúrate de que refleje lo mejor de ti."

Optimizando tu Presencia en Línea para Captar Pacientes

Tu sitio web y perfiles en redes sociales son la primera impresión que muchos pacientes tendrán de ti. Un sitio web profesional y perfiles de redes sociales actualizados y activos son esenciales para construir confianza.

Ejemplo Práctico:

Si tu sitio web se ve anticuado o carga lentamente, los pacientes potenciales pueden desconfiar de la calidad de tus servicios. Dedica tiempo a mejorar su diseño, asegurando que sea fácil de navegar, cargue rápido y esté optimizado para dispositivos móviles.

Cómo Aplicarlo en tu Día a Día:

Página Web: Asegúrate de que tu sitio web incluya fotos profesionales, testimonios de pacientes, una descripción clara de los servicios que ofreces, y un blog actualizado con contenido relevante.

SEO Local: Registra tu práctica en Google My Business y anima a tus pacientes a dejar reseñas positivas. Esto mejorará tu visibilidad cuando alguien busque "cirujano plástico en [tu ciudad]."

Redes Sociales: Publica regularmente y utiliza imágenes de alta calidad. Dedica al menos 15 minutos al día para responder comentarios y mensajes directos.

Ejercicio práctico:

Realiza una auditoría de tu presencia en línea. Revisa tu sitio web, perfiles de redes sociales, y otros listados en línea. Pregunta a colegas o amigos qué impresión les deja tu presencia digital y ajusta según sus comentarios.

"Si tu sitio web es una vitrina, asegúrate de que nadie quiera pasar de largo."

MANDAMIENTO 4
CREA CONTENIDO DE VALOR QUE ENGANCHE

"El contenido es la clave para construir una conexión genuina con tus pacientes."

El Poder del Contenido de Calidad para Atraer y Retener Pacientes

Los pacientes buscan información y tranquilidad antes de tomar decisiones. Crear contenido valioso (blogs, videos, publicaciones en redes) que eduque y responda a sus dudas te posiciona como una autoridad confiable.

Ejemplo Práctico:

Publica un video en Instagram explicando qué esperar durante el proceso de recuperación de una abdominoplastia. Este tipo de contenido puede ayudar a tranquilizar a los pacientes y prepararlos mejor para su cirugía.

Cómo Aplicarlo en tu Día a Día:

Blogs y Artículos: Publica artículos en tu sitio web que aborden preguntas frecuentes o tendencias en cirugía plástica. Asegúrate de incluir testimonios de pacientes y fotos de casos de éxito.

Videos en TikTok y YouTube: Crea videos cortos que expliquen procedimientos, muestren resultados y ofrezcan consejos postoperatorios.

Historias de Pacientes: Comparte historias de éxito en Instagram y Facebook. Humaniza tu contenido y muestra cómo tus habilidades pueden cambiar vidas.

Ejercicio práctico:

Planifica tu calendario de contenido mensual. Decide qué tipo de contenido crear (videos, blogs, testimonios) y en qué plataformas lo publicarás. Asegúrate de que cada pieza de contenido esté dirigida a las necesidades de tu audiencia.

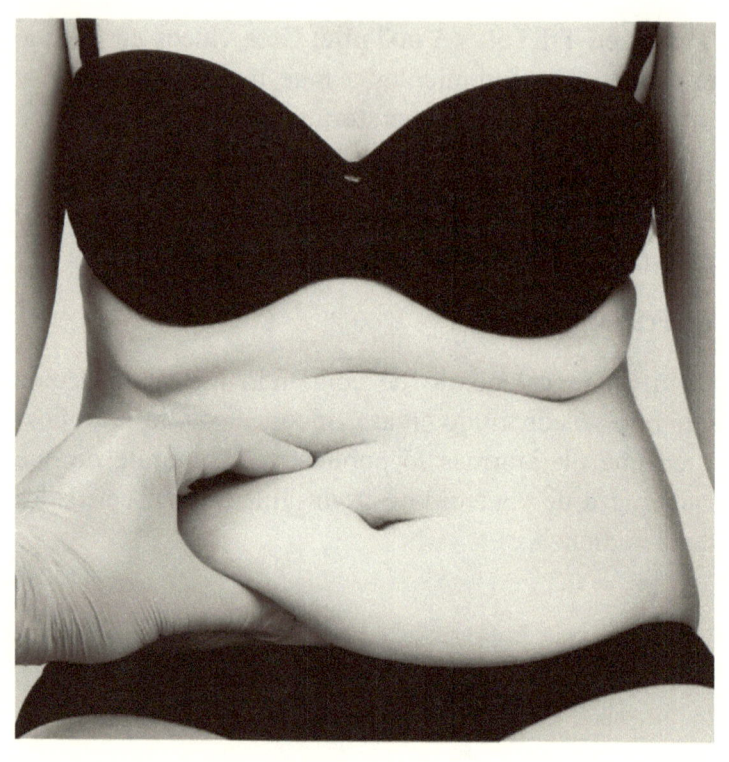

"El contenido de calidad es como una conversación amena; hace que la gente quiera quedarse."

MANDAMIENTO 5
UTILIZA LAS REDES SOCIALES ESTRATÉGICAMENTE

"Las redes sociales son tu voz; utilízalas para ser escuchado por quienes más te necesitan."

Maximizando tu Impacto en Redes Sociales

Las redes sociales no son solo para mostrar resultados; son una herramienta poderosa para interactuar, educar y fidelizar a tus pacientes.

Ejemplo Práctico:

Crea un reto de "7 días de consejos de belleza" en Instagram donde cada día publiques un consejo relacionado con el cuidado postoperatorio o cómo mejorar la salud de la piel y su cicatrización.

Cómo Aplicarlo en tu Día a Día:

Instagram Stories y Reels: Publica historias diarias que muestren tu trabajo, expliquen procedimientos o presenten testimonios de pacientes satisfechos.

Facebook Lives: Realiza sesiones en vivo para responder preguntas frecuentes y conectar directamente con tu audiencia.

TikTok: Crea videos cortos y entretenidos que aborden mitos sobre la cirugía plástica, muestren transformaciones, o den consejos rápidos.

Ejercicio práctico:

Dedica 10 minutos al día para interactuar en tus redes sociales. Responde comentarios, agradece a los seguidores por sus preguntas, y sigue a personas relevantes en tu nicho.

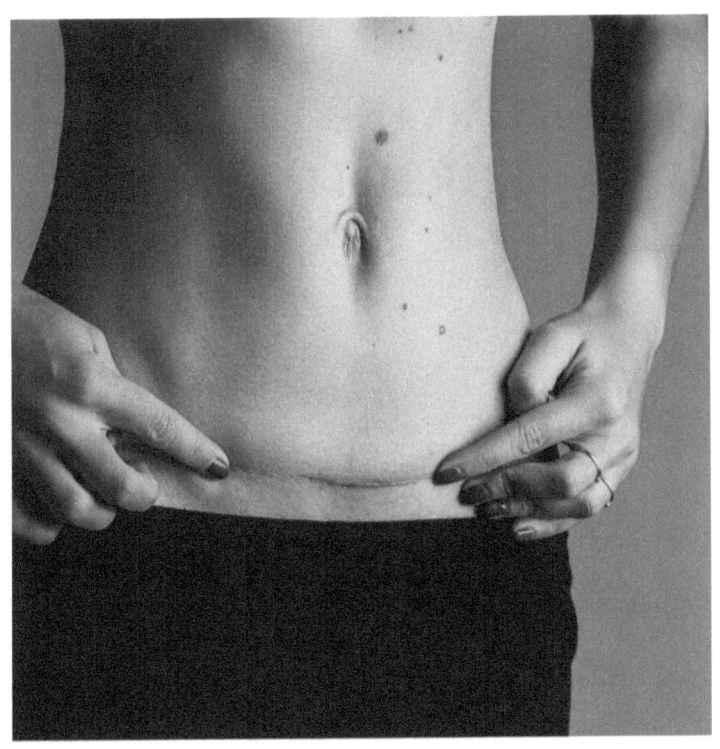

"Las redes sociales son como un escenario; es tu oportunidad para brillar."

MANDAMIENTO 6
CONVIÉRTETE EN UN EXPERTO VISIBLE Y ACCESIBLE

"El conocimiento es poder, pero compartirlo te convierte en una autoridad."

Posicionándote como una Autoridad en tu Campo

Para que los pacientes te vean como una opción de confianza, necesitas demostrar que eres un experto en tu área. Una forma de hacerlo es compartiendo tu conocimiento a través de múltiples canales.

Ejemplo Práctico:

Si te especializas en aumento de senos, puedes escribir artículos sobre los diferentes tipos de implantes, sus ventajas y desventajas, y cómo elegir el tamaño adecuado. También puedes grabar videos explicando el proceso de recuperación, los riesgos y los cuidados postoperatorios.

Cómo Aplicarlo en tu Día a Día:

Conferencias y Webinars: Participa en conferencias, tanto físicas como en línea. Organiza webinars gratuitos para pacientes potenciales, donde expliques tus procedimientos y resuelvas dudas en tiempo real.

YouTube y Podcasts: Crea videos educativos en YouTube o participa en podcasts relevantes para llegar a una audiencia más amplia.

Medios de Comunicación: Ofrece tu experiencia como fuente a periodistas y blogs. Esto te ayudará a ser citado en artículos y aparecer en entrevistas.

Ejercicio práctico:

Dedica una hora a la semana a escribir o grabar contenido que demuestre tu conocimiento en cirugía plástica. Compártelo en tus redes y mídelo para ver cuál contenido genera más interacción.

"Ser experto es como ser un faro: iluminas el camino de quienes buscan orientación."

MANDAMIENTO 7
CULTIVA RELACIONES A TRAVÉS DEL EMAIL MARKETING

"El correo electrónico es más que un mensaje; es una oportunidad para construir una relación duradera."

Aprovechando el Email Marketing para Mantenerte en la Mente del Paciente

El email marketing sigue siendo una herramienta poderosa para mantener la conexión con tus pacientes actuales y potenciales. Utiliza correos electrónicos para educar, informar sobre novedades, y ofrecer promociones exclusivas.

Ejemplo Práctico:

Envía un boletín mensual con consejos de cuidado postoperatorio, historias de éxito de pacientes, y promociones de temporada (por ejemplo, descuentos en tratamientos faciales en verano).

Cómo Aplicarlo en tu Día a Día:

Segmenta tu Lista de Correos: Agrupa a tus pacientes según el tipo de procedimiento que les interesa o han realizado. Envía correos personalizados que hablen directamente a sus necesidades y preocupaciones.

Automatización de Correos: Usa herramientas de automatización para programar correos de seguimiento después de cada consulta o cirugía, proporcionando información útil y personal.

Ofertas Exclusivas: Envía ofertas especiales o descuentos a tus pacientes fieles para incentivarlos a regresar.

Ejercicio práctico:

Configura un sistema de automatización de correos que envíe un mensaje de bienvenida a nuevos suscriptores, seguido de una serie de correos informativos sobre diferentes procedimientos que ofreces.

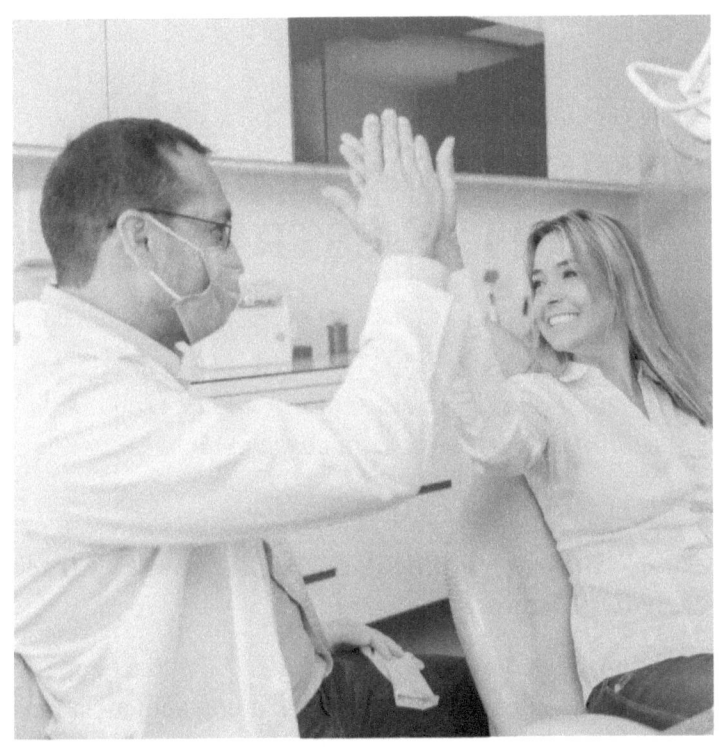

"Cada email es como una carta personal que invita a tus pacientes a conocerte mejor."

MANDAMIENTO 8
INVIERTE EN PUBLICIDAD DIGITAL ESTRATÉGICA

"Invertir en publicidad es sembrar en el terreno de la visibilidad; el retorno es tu cosecha de pacientes."

Cómo Utilizar Publicidad Digital para Atraer Pacientes Ideales

Las campañas pagadas en Google Ads, Facebook e Instagram pueden ayudarte a llegar a una audiencia más amplia y específica de manera rápida y efectiva. Lo importante es que sepas cómo segmentar y optimizar estas campañas para maximizar tu inversión.

Ejemplo Práctico:

Si deseas promocionar tus servicios de rejuvenecimiento facial, crea una campaña de Google Ads que se muestre a personas de 40 a 60 años en tu área local que buscan términos como "lifting facial" o "tratamiento antiarrugas."

Cómo Aplicarlo en tu Día a Día:

Facebook e Instagram Ads: Utiliza estas plataformas para crear anuncios visualmente atractivos dirigidos a tu audiencia ideal. Experimenta con diferentes formatos, como videos, carruseles de imágenes y anuncios de historias.

Retargeting: Configura campañas de retargeting para mostrar anuncios a personas que visitaron tu sitio web pero no realizaron ninguna acción. Ofrece un descuento o consulta gratuita para atraerlos de nuevo.

Medición y Optimización: Revisa regularmente el rendimiento de tus anuncios para optimizarlos. A/B testing (prueba A/B) puede ayudarte a identificar qué elementos funcionan mejor.

Ejercicio práctico:

Crea tu primera campaña publicitaria en Facebook Ads, define tu público objetivo (ubicación, edad, intereses) y elige un presupuesto inicial para probar diferentes formatos de anuncios.

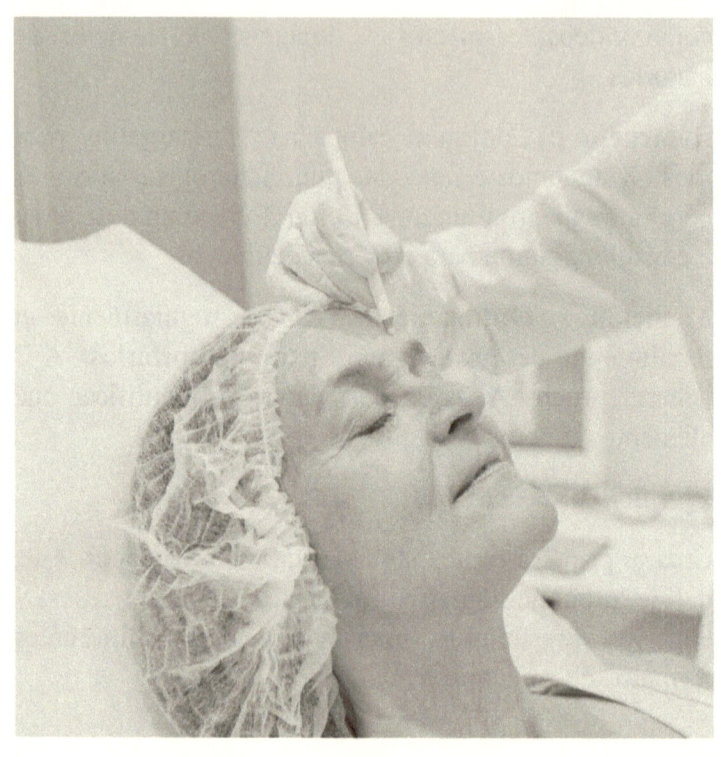

"La publicidad digital es como el viento en tus velas: te impulsa hacia adelante más rápido."

MANDAMIENTO 9
ESCUCHA Y APRENDE DE TUS PACIENTES

"Tus pacientes no solo te buscan a ti; buscan a alguien que los entienda."

La Importancia de Escuchar y Adaptar tu Estrategia según el Feedback de los Pacientes

l feedback de tus pacientes es uno de los recursos más valiosos para mejorar continuamente tu práctica y estrategias de marketing. Aprende a escuchar sus opiniones y necesidades para ajustar tu enfoque.

Ejemplo Práctico:

Si muchos pacientes te mencionan que encontraron valiosos los videos sobre cuidados postoperatorios, considera crear más contenido en esa línea y tal vez, ofrecer un webinar gratuito sobre el tema.

Cómo Aplicarlo en tu Día a Día:

Encuestas de Satisfacción: Envía encuestas de satisfacción después de cada procedimiento para saber qué puedes mejorar.

Monitoreo de Comentarios en Redes Sociales: Dedica tiempo a leer y responder los comentarios en tus publicaciones. Pregunta a tus seguidores qué tipo de contenido les gustaría ver más.

Reuniones de Equipo: Reúnete regularmente con tu equipo para revisar el feedback recibido y analizar qué ajustes pueden hacerse en el servicio o en la comunicación.

Ejercicio práctico:

Crea una encuesta de satisfacción para tus pacientes actuales y envíala por correo electrónico. Analiza las respuestas y ajusta tu estrategia en consecuencia.

"Escuchar a tus pacientes es como afinar un instrumento: asegura que tu mensaje resuene de la manera correcta."

MANDAMIENTO 10
MIDE, AJUSTA Y REPITE

"No puedes mejorar lo que no puedes medir."

La Importancia de Medir los Resultados de Tus Estrategias de Marketing

La medición es crucial para entender qué estrategias funcionan y cuáles no. Utiliza herramientas de análisis para evaluar el rendimiento de tus campañas y ajusta en consecuencia.

Ejemplo Práctico:

Si notas que una publicación en Instagram sobre "mitos de la cirugía plástica" generó más interacción que otras, replica ese tipo de contenido en otras plataformas o formatos.

Cómo Aplicarlo en tu Día a Día:

Google Analytics: Configura Google Analytics para tu sitio web y revisa regularmente las métricas como el tráfico web, tiempo en la página, y tasa de conversión.

KPIs en Redes Sociales: Define los indicadores clave de rendimiento (KPIs) para tus redes sociales, como el crecimiento de seguidores, la tasa de interacción, y el número de consultas generadas a través de las plataformas.

Revisiones Periódicas: Establece una rutina semanal o mensual para revisar tus métricas y ajustar tu plan de marketing según los resultados.

Ejercicio práctico:

Elige una métrica específica (como el número de consultas agendadas a través de tu sitio web) y establece un objetivo para el próximo mes. Realiza ajustes en tu estrategia basados en el análisis de los datos para alcanzar ese objetivo.

> *"El marketing sin medición es como navegar sin brújula: nunca sabrás si vas en la dirección correcta."*

EPÍLOGO

A lo largo de este libro, hemos explorado los 10 mandamientos esenciales del marketing para cirujanos plásticos. Desde la creación de una identidad auténtica hasta la construcción de una presencia digital poderosa, cada principio ha sido una invitación a repensar cómo te conectas con tus pacientes y cómo posicionas tu práctica en un mercado cada vez más competitivo.

Quizás te sientas inspirado, quizás un poco abrumado. Ambas reacciones son válidas. El mundo del marketing puede parecer un territorio vasto y desconocido, pero no olvides que cada paso que des en esta dirección te acerca más a tus objetivos. Al final del día, el marketing no es más que una extensión de tu vocación como cirujano: una oportunidad para cambiar vidas, para empoderar a las personas, y para ayudarles a sentirse mejor consigo mismas.

Recuerda que tus redes sociales son más que simples plataformas de comunicación; son una ventana abierta hacia tu mundo, una extensión de tu consultorio. Es allí donde tus futuros pacientes tendrán su primer contacto contigo, donde escucharán tu voz, verán tu trabajo, y sentirán tu pasión. Y, como dijimos antes, entre el cielo y las redes sociales, no hay nada oculto. Cada acción que tomas, cada palabra que eliges, cada imagen que compartes, construye tu reputación, tu marca, y tu legado.

Este es solo el comienzo. El verdadero trabajo empieza ahora, cuando tomes estos mandamientos y los transformes en acciones concretas. No tengas miedo de experimentar, de probar cosas nuevas, de adaptarte y aprender en el camino. El éxito en marketing, al igual que en la cirugía, no es el resultado de una fórmula mágica, sino de una dedicación constante, un aprendizaje continuo, y un deseo genuino de conectar con quienes confían en ti.

Así que, a partir de hoy, haz de tu marketing una prioridad. Encuentra tu voz, sé auténtico, y sobre todo, nunca dejes de escuchar a tus pacientes. Porque en ellos encontrarás las respuestas que necesitas para seguir creciendo.

Te felicito por llegar hasta aquí, por invertir tu tiempo y tu energía en aprender, en innovar, y en transformar tu práctica. Ahora, es el momento de poner en práctica todo lo que has aprendido y de ver cómo estos mandamientos pueden convertirse en los pilares de tu éxito.

Recuerda siempre que el marketing no es un fin en sí mismo, sino un medio para alcanzar tus sueños. Y hoy, más que nunca, tienes las herramientas para hacerlos realidad. El camino está despejado y el futuro es tuyo para construirlo. ¡Adelante, cirujano! El mundo está esperando ver de lo que eres capaz.

Soy **Manuel Freitez,** CEO y fundador de **Smartketing Clinic,** una academia dedicada a capacitar a cirujanos plásticos en el mundo del marketing digital. Con más de 11 años de experiencia en marketing y enseñanzas del mundo digital, he dedicado mi carrera a ayudar a profesionales a alcanzar su máximo potencial a través de estrategias efectivas de comunicación y posicionamiento en línea.

Mi último gran proyecto fue una empresa de turismo médico en la que, durante seis años, trajimos pacientes de Estados Unidos, Puerto Rico y Canadá a operarse en Bogotá, Colombia. Después de convertirla en una compañía exitosa, decidí venderla y enfocarme en mi verdadera pasión: la enseñanza.

Durante esos seis años trabajando en estrecha colaboración con numerosos cirujanos plásticos, me di cuenta de que muchos enfrentaban un gran desafío en sus redes sociales. A pesar de su talento y resultados sobresalientes en sus prácticas, no lograban comunicarlo eficazmente al público. Era evidente que sus vitrinas digitales no reflejaban la calidad de su trabajo, y esto limitaba su capacidad de atraer y retener pacientes.

Así nació **Smartketing Clinic:** un proyecto académico creado específicamente para el gremio de la cirugía plástica, con un enfoque desde adentro, basado en la experiencia real y el conocimiento profundo de sus necesidades y desafíos. Nuestro objetivo es empoderar a los cirujanos plásticos con las herramientas y estrategias necesarias para que puedan destacar en el mundo digital, conectar genuinamente con sus pacientes, y llevar su práctica al siguiente nivel.

A lo largo de mi recorrido en el mundo digital, he realizado decenas de diplomados y cursos especializados en marketing, lo que me ha convertido no solo en un experto en la parte práctica, sino también en un conocedor profundo de la teoría que fundamenta cada estrategia. Mi misión es compartir este conocimiento y experiencia con otros, para que puedan transformar sus prácticas y alcanzar el éxito que merecen.

En **Smartketing Clinic,** creemos que un marketing efectivo es tan crucial como la destreza quirúrgica. Estamos aquí para guiar a cada cirujano plástico en su camino hacia una presencia digital fuerte, auténtica y exitosa.

"Tu habilidad es tu arte. Sin una presencia online, el mundo no tiene cómo apreciarla. Haz que te vean."

SMARTKETING.

www.ingramcontent.com/pod-product-compliance
Lightning Source LLC
Chambersburg PA
CBHW030517220526
45464CB00006B/2836